KB203725

38일
동행기도

38일 동행기도

초판 1쇄 발행 2025년 3월 10일

지은이 | 이민교
펴낸이 | 최건웅
편집책임 | 기록문화
본문 및 표지 | 양선애
펴낸 곳 | 도서출판 사도행전

주소 | 서울시 강남구 자곡로 180
전화 | 010-6251-3842
이메일 | actsbook29@gmail.com
홈페이지 | www.actsbook.org
카톡 아이디 | sonkorea
등록번호 | 465-95-00163
공급처 | (주) 비전북(031-907-3927)

ISBN 979-11-985484-7-4 03230

38일 동행기도

38년 광야, 38년 병자, 38선

통일줌

이민교 지음

일러두기

■ 생각을 확장하는 《38일 동행기도》 사용법

1) 시를 읽고 큐알코드를 통해 노래를 반복해서 듣는다.

2) **오늘의 말씀** : 순교자의 소리에서 발행한 조선어 성경으로 묵상한다.

3) **말씀의 초대** : 시와 노래를 말씀으로 승화시킨다.

4) **묵상의 초대** : 시와 노래와 말씀을 연결해 본다. 함께 나누고 싶은 분은
　　　　　　　　　이메일 또는 카톡을 통해 생각을 확장해 간다.

5) **찬송과 기도** : 하나님께 찬송과 기도를 올려 드린다.

십자가 사랑으로 복음통일을 마중하다

조봉희 | 지구촌교회 원로목사

기독교가 말하는 묵상은 그 영적 본질이 다르다. 동양의 묵상은 마음을 비우기 위한 노력이다. 반면에 기독교의 묵상은 마음을 채우는 영성생활이다. 내 마음을 하나님으로 충전하는 것이다.

이처럼 묵상은 하나님께 시간을 내어드리는 것이요, 그분과 함께하는 것이다. 그러므로 묵상은 힘든 일과가 아니라, 즐겁고 행복한 영성생활이다. 묵상이 깊어질수록 기뻐진다.

이런 영성생활을 위해 목회자요 선교사이며, 특히 북녘 땅 장애인 돌봄 사역자인 글로벌블레싱 이민교 대표께서 너무나 시의적절한 책을 출간하셔서 기쁘다. 그는 문학가, 저술 작가, 시인으로서 예수님의 십자가 사랑을 가슴으로 체득한 자다. 그는 오래 전부터 통일을 살아내고 있는 선구자요, 선각자다.

이스라엘 민족이 38년의 광야생활을 잘 통과했듯이, 그리고 2천 년 전 예수님을 만나 38년 동안 걸어보지 못한 장애우가 고침을 받았듯이, 우리나라도 38선으로 민족의 허리가 잘린 상태이지만, 함께 예수님의 십자가 사랑을 묵상하고 노래하다 보면 복음통일이라는 놀라운 치유기적이 찾아오리라 믿는다.

그래서 이번에 출간된 《38일 동행기도》는 우리 내면에 깊은 성찰의 영성을 고쳐시켜 주는 서정적 묵상집이다. 다윗처럼 시를 쓰며 노래하고 찬양하는 묵상의 새로운 기법을 제시한다. 참 놀라운 접근과 적용이다. 당신도 이 책을 통해 날마다 말씀 묵상과 깊은 가슴의 기도로 노래하는 영성 시인의 삶을 살아갈 것이다.

영국의 찬송시인 프레드릭 파버(Freederick W. Fa-ber)는 고난과 아픔 중에서도 고요한 묵상으로 근본을 치유받았기에 이런 노래를 들려준다.

가만히 앉아서 하나님을 생각하니
그 얼마나 기쁜가!
그 생각을 하고
그 이름을 호흡하고
이 땅에서 그 일보다 더 기쁜 일은 없다.

이처럼 묵상하는 자는 행복한 영성으로 살아간다. 묵상하는 사람은 결국 노래하고 찬송한다. 이런 차원에서 사도 바울처럼 육체적 가시의 고통으로 성육신적 삶을 살아가고 있는 글로벌블레싱 이민교 대표의《38일 동행기도》를 적극 추천한다.

하나님 사랑, 이웃 사랑의 흔적으로 초청

남명철 | 창세교회 담임목사

GP선교회, Global Partners는 마지막 시대의 선교를 이끄는 공동체로서, 창의적 선교전략을 가지고, 서로 협력하여, 현지 지도력을 개발함으로, 지구촌을 신속하게 복음화하여 하나님께 영광을 돌리는 선교단체입니다.

거룩, 기쁨, 섬김, 절제가 있는 GP선교회 이민교 선교사의 《38일 동행기도》 책 출간을 선교회 동역자들과 함께 기쁜 마음으로 추천합니다.

왜냐하면 저자는 보편적인 상상의 선을 넘어 복음을 위해 모슬렘 땅에서 추방을 당하고 또 추방을 당하면서까지 버려진 장애인 친구들을 가슴에 품고 20여 년의 이슬람 선교, 10여 년의 북녘 장애인 사역에 목숨을 걸었던 하나님 사랑, 이웃 사랑의 흔적이 그대로 이 책에 묻어나기 때문입니다.

무엇보다 《38일 동행기도》는 문학적 시어로 시작한 주제와

노래를 통해 말씀을 삶으로 풀어내는 철학적 말씀의 묵상 초
대입니다. 그래서 찬양과 기도를 통해 감성, 이성, 영성의 비약
적 도약으로 은밀하고 위대하게 독자들을 새롭게 안내할 것입
니다.

　민족의 미래를 가슴에 담아 삶을 살아내는 사명자, 예수님
을 인격적으로 만난 선교사, 복음에 빚진 사람, 저자의 삶이 담
긴 이 책을 통해 복음의 진수를 체험하는 계기가 되기를 진심
으로 바랍니다.

한반도 회복을 위한 예수동행의 초대

유기성 | 선한목자교회 원로목사

이민교 선교사를 알게 된 것은 하나님의 은혜입니다. 지금 이 시대에 진정 나는 죽고 예수로 사는 사도 바울 같은 분이기 때문입니다.

이민교 선교사는 소록도에서 손양원 목사님처럼 나환자들의 고름을 짜내고 닦아내며 뜻과 성심을 다해 섬기던 승려였습니다. 그러던 중 나환자들에게 전도를 받아 성령세례를 받고 그리스도인이 되었습니다. 예수님을 믿은 정도가 아니라 복음에 빚진 자의 마음을 품은 선교사가 되었습니다.

러시아에서 노숙자들과 알코올 중독자들을 찾아 섬기며 복음을 전하는 것이 쉽지 않았지만, 시간이 흐르고 한 사람, 두 사람 변화하는 모습을 보며 예수님의 동행하심을 경험하게 되었습니다. 그들 가운데 우즈베키스탄 사람이 있었는데 "우리나라에도 이렇게 불쌍한 사람들이 많으니 와서 도와 달라"고 하는 말을 듣고 우즈베키스탄으로 들어갔습니다.

그곳에서 농아인들을 모아 축구를 가르쳤는데, 우즈베키스탄 농아인 축구 국가대표 감독이 되어 아시안 게임에서 동메달까지 땄습니다. 그 후 카자흐스탄에서도 국가대표 농아 축구팀 감독으로 활동하였고, 이를 계기로 북한의 장애인들을 섬기게 되었습니다. 이 일로 인해 허리 잘린 한반도가 연약한 장애인들을 통하여 하나 되게 해 주신다는 비전이 생겼습니다.

그는 심장이 좋지 않아 고생을 많이 하였습니다. 그런데 가슴에 느껴지는 통증을 "장애인들의 아픔을 체휼하라"는 하나님의 음성으로 들었습니다. 그러다가 최근 심장 수술을 받게 되면서 회복하는 시간에 자신의 심장 수술이 꽉 막힌 한반도의 혈관을 뚫어내는 통일 연습이라고 깨달았습니다. 그렇게 하나님으로부터 받은 '새 심장, 새 사람, 새 시대, 새 노래'라는 말씀으로 이 책을 집필하였습니다.

이 묵상집을 읽으며 이민교 선교사의 심장이 웃고 영혼이 춤추는 것을 느낍니다.

'나는 사람이고, 예수님은 삶이고, 하나님은 사랑이시라!'

한반도의 치유와 회복을 위한 《38일 동행기도》 출간을 축하합니다.

목차

1부 십자가의 두 길에 찾아온 생각

하나 된 코리아를 위한 기도와 묵상

가슴에 통증을 느낄 때마다 '장애인들의 아픔을 체휼하라'고 하신 하나님의 말씀을 기억하며 견디던 어느 날, 흉골을 절개하고 심장을 꺼내 관상동맥우회술(CABG)을 받게 되었다. 수술 이후 회복하는 시간 동안 하나님은 '새 심장, 새 사람, 새 시대, 새 노래'라는 네 단어를 주셨다.

하나님이 나를 살려주신 것은 '지금까지 해왔던 일들을 잘 마무리 하라는 의미일까, 아니면 새로운 일을 맡기시려는 것일까?' 질문해 본다. 2012년 12월 3일, 북조선 평양의 해방산 호텔에서 만났던 성령님의 임재를 다시 한번 경험한다. 그 경험을 통해 38년 광야, 38년 병자, 38선이 오버랩(overlap)되어 《38일 동행기도》로 세상에 태어난다.

"38년 광야를 통한 절대 감사, 38년 병자를 통한 절대 은혜, 38선을 통한 절대 사랑"이 강물 되어 우리의 영혼을 적신다. 무엇보다, 꽉 막힌 한반도의 혈관을 뚫어내는 통일 연습으로 심장 수술을 받았으니 이제 다시 허리띠를 졸라매고, 신발 끈을 묶는다. 심장이 웃는다. 영혼이 춤춘다.

38일 동행기도

"사고(事故)를 쳐야 사고(思考)가 생긴다."

《38일 동행기도》는 38년 광야, 38년 병자, 38선이라는 언어유희를 통한 창의적인 표현 방식으로, 하나 된 코리아를 위한 기도와 묵상을 제공한다. 기존 언어의 고정관념을 깨뜨리고 새로운 의미를 창조하거나 혹은 강조하여 우리의 생각 너머에 계신 하나님께 인도하는 도구로 사용하기 위함이다.

《38일 동행기도》는 세 부분으로 구성되어 있다.

첫째, 시로 시작한 해당일의 주제를 문학적 표현으로 풀어낸다. 이 시어를 노랫말 삼아 AI로 음악을 창작하여 큐알코드에 담는다. 둘째, 하나님의 말씀을 그날의 시와 연결하여 하나님의 마음을 깊이 묵상할 수 있는 질문으로 나아간다. 셋째, 독자들이 경험한 삶의 광야와 육체의 고통을 한반도의 화해와 치유를 위한 찬양과 기도로 연결한다.

1부는 십자가의 두 길에 찾아온 생각, 2부는 북녘 땅에 심은 하늘씨앗 중에 《더하기 십자가 곱하기 십자가》(도서출판 사도행

전, 2016. 12, 이민교)에서 38편의 시를 선별하여 숫자 38에 담긴 상징성을 반영한다. 이것은 광야에서의 38년을 떠올리게 하며 (신 2:14), 38년 동안 중풍병으로 고통받던 사람의 치유를 상기시키고(요 5:5), 한반도를 가로지르는 38선을 생각하게 한다.

그러므로 《38일 동행기도》는 치유와 회복을 위한 기도이며, 민족의 상흔이 담긴 사랑의 외침이다.

북녘밀알 하늘춤, 통일춤 되어 하늘평화 이어지다.
글로벌블레싱, Global Blessing
나는 사람이고, 예수님은 삶이고, 하나님은 사랑이시라.

2025년 3월 10일
복음에 빚진 사람 이민교

1부

십자가의
두 길에
찾아온 생각

1일 십자가

성경에는 두 개의 십자가가 있다.
하나는 예수가 짊어진 십자가이고
또 하나는 내가 짊어지고 예수를 따를 십자가다.

예수의 십자가를 통해 구속사적인 은혜가 있었다면
내가 짊어지고 가야 할 '나의 십자가'를 통해
하나님 나라를 이 땅에 실현시켜야만 한다.

예수의 십자가를 더하기로 본다면
치열한 삶의 현장에서 내가 짊어지고 가는 십자가는
다른 사람들이 볼 때 더하기 십자가가 아닌
곱하기 십자가로 보일 것이다.

예수를 통해 '내 삶 속에'
하나님의 사랑이 드러나야 하지 않을까.
요한복음 3장 16절 말씀이
요한일서 3장 16절로 넘어가야 할 때가 된 것이다.

시의 노래 ♪♬

제1일 십자가

하나님이 사람으로 오셔서
십자가에서 피 흘려 죽으심으로
죄와 사망으로부터의 자유가 선포됨을 확실히 믿는다.
예수 십자가를 통해 오직 믿음으로 말미암아 구원받는
구속사적인 복음이 강조되고 있는 교회에서

이제는
하나님의 이름이, 하나님의 나라가, 하나님의 뜻이
하늘에서 이룬 것같이
땅에서도 이루어지도록
기도하는 것을 넘어 기도한 대로 살아가려고
오늘도 몸부림쳐 본다.

오늘의 말씀 조선어 성경: 마태복음 16:24

"그리고 예수께서는 제자들에게 이렇게 말씀하셨다. 누구든지
나를 따르려는 사람은 자기를 버리고 자기 십자가를 지고 따라
야 한다."

십자가는 두 가지 진리를 나타냅니다. 그리스도의 완성된 구속 사역의 십자가와 매일 예수를 따르기 위해 짊어져야 할 나의 십자가입니다. 예수님의 십자가는 은혜와 구원의 선물이지만, 나의 십자가는 하나님 나라의 사명에 동참하라는 부르심입니다.

묵상의 초대

1. 요한복음 3장 16절과 요한일서 3장 16절이 합해지면 어떤 모습일까?

2. 이 땅에 하나님의 나라를 세워 가기 위해 필요한 나의 십자가는 무엇일까?

3. 나의 십자가를 지고 예수님을 따른다는 것은 어떤 의미일까?

찬송과 기도 내 주의 지신 십자가(339장, 통일찬송가 365장)

내 주의 지신 십자가 우리는 안 질까
뉘게나 있는 십자가 내게도 있도다
내 몫에 태인 십자가 늘 지고 가리다
그 면류관을 쓰려고 저 천국 가겠네

하나님 아버지
'기도를 한다, 기도로 산다' 기도한 내용대로 삶을 살아가게 하시고, 예수의 십자가만을 자랑하는 것이 아니라 나의 십자가를 짊어지고 예수를 따라가는 제자도의 삶이 이 땅에 풀어지게 하소서.

2일 십자가의 두 길

어떤 종은 밖을 쳐서 안을 울리고
어떤 종은 안을 쳐서 밖을 울리고

조화롭게 만날 수 있는
두 가지 종의 길

안으로의 길
밖으로의 길

하늘로부터 내려오는 길
하늘을 향해 올라가는 길

하나님이 찾아와 주신 은혜의 길
하나님의 필요를 채워야만 하는 자기 부인의 길

십자가는
두 가지의 길이다.
하나님을 사랑하는 길
이웃을 사랑하는 길

시의 노래 ♪♬

제2일 십자가의 두 길

"예수께서 이렇게 대답하셨다. 네 마음을 다하고 목숨을 다하고 뜻을 다하여 주님이신 너희 하나님을 사랑하라. 이것이 가장 크고 첫째가는 계명이고 네 이웃을 네 몸과 같이 사랑하라는 둘째 계명도 이에 못지 않게 중요하다."

말씀의 초대

십자가는 두 가지 신성한 길이 만나는 지점입니다. 하나는 하나님을 향한 수직적인 길이며, 다른 하나는 이웃을 향한 수평적인 길입니다. 예수님은 이 두 계명에 율법 전체를 요약하며 십자가의 본질을 반영하셨습니다. 하나님께서 우리를 찾아오신 은혜와 자기 부인의 응답을 통해, 우리는 하나님을 사랑하고 이웃을 사랑하는 두 길을 걷게 됩니다.

1. 십자가의 두 길이 우리에게 주는 의미는 무엇일까?

2. "하늘에서 내려온 자 곧 인자 외에는 하늘에 올라간 자가 없느니라"(요 3:13) .
   내려오고 올라가는 길에 지금 나는 어디쯤 서 있을까?

3. 오늘 내가 걸어야 할 길은 하나님을 향한 길인가, 이웃을 향한 길인가?

찬송과 기도 십자가를 내가 지고(341장, 통일찬송가 367장)

십자가를 내가 지고 주를 따라 가도다
이제부터 예수로만 나의 보배 삼겠네
세상에서 부귀영화 모두 잃어버려도
주의 평안 내가 받고 영생 복을 얻겠네

하나님 아버지
마음을 다하고 목숨을 다해, '하나님을 사랑하고 이웃을 사랑하
라'고 하셨는데, 혹시 남겨 놓고 사랑했던 것들이 있다면 용서하
시고 십자가의 두 길에서 만날 수 있도록 은혜를 구합니다.

3일   십자가의 숨

목숨

"누구든지 제 목숨을 구원하고자 하면 잃을 것이요
누구든지 나를 위하여 제 목숨을 잃으면 찾으리라
사람이 만일 온 천하를 얻고도
제 목숨을 잃으면 무엇이 유익하리요
사람이 무엇을 주고 제 목숨과 바꾸겠느냐"(마 16:25-26).

말숨

"말씀이 육신이 되어 우리 가운데 거하시매
우리가 그 영광을 보니 아버지의 독생자의 영광이요
은혜와 진리가 충만하더라"(요 1:14).

우숨

"항상 기뻐하라
쉬지 말고 기도하라
범사에 감사하라
이것이 그리스도 예수 안에서 너희를 향하신
하나님의 뜻이니라"(살전 5:16-18).

시의 노래 ♪♬

제3일 십자가의 숨

조선어 성경: 빌립보서 1:21

"나에게는 그리스도가 생의 전부입니다. 그리고 죽는 것도 나에게는 리득입니다."

말씀의 초대

목숨, 말숨, 우숨의 말놀이 구조는 그리스도 안에서의 다면적인 삶의 본질을 반영합니다. 목숨은 그분께 삶을 맡길 때 그 가치를 발견하는 것을 상기시킵니다. 말숨은 예수님처럼 말씀을 삶으로 살아내라는 부르심을 전달합니다. 우숨은 기쁨, 기도, 감사로 가득 찬 삶을 도전하며, 우리의 일상에서 하나님의 영광을 드러냅니다. 십자가의 숨은 삶의 헌신, 살아낸 말씀, 그리고 넘치는 기쁨으로 하나님의 영광을 나타내는 것입니다.

1. 목숨 ⇒ 육체의 숨은 어디에서 시작되었을까?

2. 말숨 ⇒ 영적 존재로 살아간다는 것은 무엇일까, 영이 육을 지배할까, 육이 영을 지배할까?

3. 우숨 ⇒ 위에서 내려온 숨, 기가 뿜어 나오는 기쁨의 숨을 어떻게 경험할 수 있을까?

찬송과 기도 기뻐하며 경배하세(64장, 통일찬송가 13장)

기뻐하며 경배하세 영광의 주 하나님
주 앞에서 우리 마음 피어나는 꽃 같아
죄와 슬픔 사라지고 의심 구름 걷히니
변함없는 기쁨의 주 밝은 빛을 주시네

하나님 아버지
태초에 아담의 코에 불어 넣어 주셨던 생기(숨)를 이어받아 목숨, 말숨, 우숨을 연결하는 하나님의 사람이 되어 십자가의 숨으로 기쁨이 기도가 되고, 기쁨이 감사가 되도록 은혜를 부어 주소서.

4일 십자가와 부활

죽은 나를 떠나는 것이 십자가요
죽지 않는 나를 찾는 것이 부활이다.
내가 예수 안으로 들어가는 것이 십자가요
예수가 내 안에 들어오는 것이 부활이다.
내가 그리스도와 통하는 것이 십자가요
그리스도가 나와 통하는 것이 부활이다.

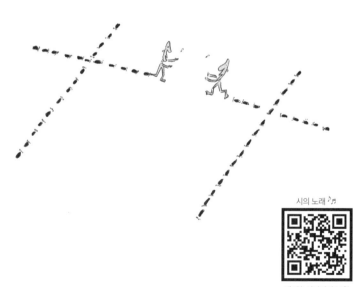

시의 노래 ♪♬

제4일 십자가와 부활

조선어 성경: 요한복음 11:25-26

"예수께서 나는 부활이요 생명이니 나를 믿는 사람은 죽더라도 살겠고 또 살아서 믿는 사람은 영원히 죽지 않을 것이다. 너는 이것을 믿느냐? 하고 물으셨다."

말씀의 초대

십자가와 부활은 그리스도 안에서의 삶의 본질을 이룹니다. 십자가는 우리의 옛 자아를 내려놓고 죽는 장소이며, 부활은 그분 안에서 새로운 영원한 생명을 찾는 곳입니다. 예수님은 자신이 부활이자 생명임을 선언하시며, 죽음을 넘어선 승리와 영생의 약속을 우리에게 주십니다. 십자가와 부활을 통해 사는 것은 예수님과 온전히 연합된 삶을 의미합니다.

묵상의 초대

1. 예수님은 언제 어디서 어떻게 죽을 것을 미리 알고 있었는데 왜 피하지 않고 묵묵히 걸어가셨을까?

2. 내가 예수 안에 들어가는 세례(침례), 죽은 나를 떠나는 십자가를 경험하고 있는가?

3. 예수가 내 안에 들어오는 성만찬(고전 11:23-26), 죽지 않은 나를 찾는 부활, '나를 기념하라' 하신 말씀을 전하고 있는가?

할렐루야 우리 예수 부활 승천하셨네

세상사람 찬양하니 천사 화답하도다

구주 예수 부활하사 사망 권세 이겼네

구주 예수 부활하사 사망 권세 이겼네

하나님 아버지

십자가와 부활이 성경 책 안에 글씨로만 기록된 것이 아니라 일상의 삶에 실제적 사건으로 경험되도록 내가 그리스도와 통하는 십자가, 그리스도가 나와 통하는 부활의 은혜를 부어 주소서.

5일 순서의 차이

하나님의 말씀은
'소금과 빛'이라고 하셨는데
우리는 무심코
'빛과 소금'이라고 하지 않았던가?

소금이 먼저다.
내가 사라지는 십자가가 먼저다.
나는 순서를 바꿔
빛이 되기를 원했던 것은 아닌가?

십자가 없는
부활만을 기대했던 내가 아니었던가?
소금의 십자가가 되면
빛의 부활이 된다.

시의 노래 ♪♬

제5일 순서의 차이

"너희는 세상의 소금이다. 만일 소금이 짠맛을 잃으면 무엇으로 다시 짜게 만들겠느냐? 그런 소금은 아무데도 쓸데가 없어서 밖에 내버려 사람들에게 짓밟힐 것이다. 너희는 세상의 빛이다. 산우에 있는 마을도 드러나기 마련이다."

말씀의 초대

예수님의 제자가 된다는 것은 먼저 소금이 되어 세상을 보존하고 정결케 하며 다른 이를 위해 희생하는 것임을 상기시켜 주십니다. 우리가 비추는 빛은 이러한 소금의 희생적 기초에서 흘러나옵니다. 순서가 중요합니다. 소금의 죽음과 자기 부인이 없다면 빛의 영광도 의미를 잃습니다.

묵상의 초대

1. 나의 삶에 사라지고 있는 짠 맛이 있는가?

2. 소금과 빛 혹은 빛과 소금의 순서에 대한 차이를 경험해 보았는가?

3. 소금의 십자가가 되면 빛의 부활이 된다는 것이 우리 삶에서 의미하는 것은 무엇인가?

나 위하여 십자가의 중한 고통 받으사
대신 죽은 주 예수의 사랑하신 은혜여
보배로운 피를 흘려 영영 죽을 죄에서
구속함을 얻은 우리 어찌 찬양 안 할까

하나님 아버지
조금 유명해졌다고 하나님 앞에 까불지 않게 하시고, 크고 작고를
떠나 어디에나 무엇이나 누구를 만나든 변질되지 않는 소금 언약
말씀 붙들고 신실하게 소금과 빛의 역할을 감당하게 하소서.

6일 나타남

다마스커스로 가는 바울 앞에 예수가 나타났다.
엠마오로 가던 제자들 앞에 예수가 나타났다.
38년 된 병자 앞에 예수가 나타났다.
다시 고기 잡으러 간 베드로 앞에 예수가 나타났다.
지금도 예수가 나타남은
내가 나 되기 위한 하나님의 은혜이다.

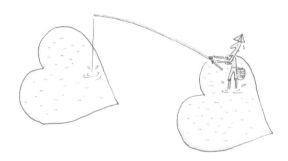

시의 노래 ♪♬

제6일 나타남

조선어 성경: 고린도전서 15:10

"그러나 내가 오늘의 내가 된 것은 하나님의 은총의 덕입니다. 하나님께서 나에게 주신 은총은 헛되지 않았습니다. 과연 나는 어느 사도보다도 더 열심히 일했습니다. 그러나 이것은 내가 한 것이 아니라 나에게 주신 하나님의 은총으로 된 것입니다."

말씀의 초대

예수님의 나타남은 은혜의 행동이며, 예수님을 만나는 사람들의 삶은 예수로 변화되었습니다. 바울은 모든 영역에서 전적으로 하나님의 은혜였음을 고백합니다. 이제 보혜사 성령님의 임재는 우리의 삶에 찾아온 신성한 개입의 순간이며, 우리가 하나님의 의도대로 빚어지도록 우리를 변화시킵니다.

묵상의 초대

1. 땅의 예수, 천상의 예수가 나타남은 어떤 것일까?

2. 길이요 진리요 생명이신 예수님은 오늘도 나를 찾아오시는데 나는 그것을 체험하고 있는가?

3. '임신'의 글자 순서를 바꾸면 '신이 임한다'로 해석할 수 있는데 보혜사 성령님의 임재를 언제 어디서 어떻게 경험했는가?

목마른 내 영혼 주가 이미 허락한

그 귀한 영생수 주여 갈망합니다

그 약속 따라서 힘써 간구하오니

오 주여 내 기도 어서 들어주소서

예수의 사랑 예수의 사랑 바다 물결같이 내게 임하니

영광의 물결에 온전히 싸여서 내 영혼의 기쁨 한량 없도다

하나님 아버지

나보다 나를 더 잘 아시는 성령 하나님. 나의 나 됨이 전적인 하나님의 은혜임을 고백하도록 이 땅에 구원자로 오신 예수님. 오늘도 나와 항상 함께하시는 임마누엘의 하나님을 찬양합니다.

7일 또 하나의 비밀

나는 산다.
예수로 산다.

사라지면
살아진다.

내가 사라지면
예수로 살아지게 된다.

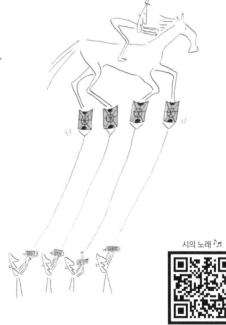

시의 노래 ♪♬

제7일 또 하나의 비밀

조선어 성경: 갈라디아서 2:20

"이제는 내가 사는 것이 아니라 그리스도가 나의 안에서 사시는 것입니다. 지금 내가 살고 있는 것은 나를 사랑하시고 또 나를 위해서 당신의 몸을 내어주신 하나님의 아들을 믿는 믿음으로 사는 것입니다."

말씀의 초대

나는 죽고 예수로 사는 그리스도 안의 생명의 신비를 담고 있는 말씀입니다. 이 말씀 안에 자아를 버리고 예수로 충만한 삶을 채우는 비밀이 있습니다. 예수 그리스도를 위한 삶이 오직 예수 안에서 참된 목적과 활력을 찾는 것임을 확증합니다.

묵상의 초대

1. 사명(事命) ⇒ 사명(使命) ⇒ 사명(死命)의 연결고리는 무엇일까?

2. 대사대생(大死大生) ⇒ '크게 죽으면 크게 산다.' 어떤 삶의 목표가 나를 이렇게 만들어 갈 수 있을까?

3. 사무여한(死無餘恨) ⇒ '죽어도 여한이 없는 삶' 이것이 나에게 무엇일까?

나 같은 죄인 살리신 주 은혜 놀라와

잃었던 생명 찾았고 광명을 얻었네

큰 죄악에서 건지신 주 은혜 고마와

나 처음 믿은 그 시간 귀하고 귀하다

하나님 아버지

십자가의 도가 멸망하는 자들에게는 미련한 것이요 구원을 받는 우리에게는 하나님의 능력이라. 하신 말씀처럼 나는 죽고 예수로 사는 십자가의 도가 또 하나의 비밀이 되게 하소서.

8일 비밀

생명(生命)과 사명(使命)에는
비밀이 있다.

생명은 "살아라" 하는 명령이고
사명은 "일하라" 하는 명령이다.

생명에 불순종하면 생존이 되고
사명에 불순종하면 사업이 된다.

시의 노래 ♪♬

제8일 비밀

조선어 성경: 고린도전서 4:1

"여러분은 우리를 그리스도의 일꾼으로 여기며 하나님의 심오한 진리를 맡은 관리자로 생각해야 합니다."

말씀의 초대

바울은 성도들을 하나님의 비밀을 맡은 자, 즉 청지기로 묘사합니다. 생명과 사명은 단순한 명령이 아니라 하나님께서 주신 신성한 신탁입니다. 산다는 것은 하나님께서 주신 생명을 관리하는 것이며, 사명은 그리스도의 일꾼으로 충실히 일하는 것입니다. 비밀은 순종에 있습니다. 그분이 의도하신 대로 살아가고, 목적을 가지고 사명을 이행하는 데 있습니다.

묵상의 초대

1. 하나님의 비밀을 맡은 자가 구할 것은 충성인데, 그리스도의 일꾼으로 충성(忠誠)을 다짐할 수 있는가?

2. 생명(生命)과 사명(使命)이 나에게 어떻게 적용되고 있는가?

3. 생존(生存)과 사업(事業)의 불순종을 명령(命令) 이전에 원리(元理)로 해석할 수 있는가?

부름받아 나선 이 몸 어디든지 가오리다
괴로우나 즐거우나 주만 따라 가오리니
어느 누가 막으리까 죽임인들 막으리까
어느 누가 막으리까 죽음인들 막으리까

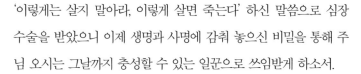

하나님 아버지
'이렇게는 살지 말아라, 이렇게 살면 죽는다' 하신 말씀으로 심장
수술을 받았으니 이제 생명과 사명에 감춰 놓으신 비밀을 통해 주
님 오시는 그날까지 충성할 수 있는 일꾼으로 쓰임받게 하소서.

9일 우리는 그리스도의 편지

초대교회 사도들은 편지로
흩어진 교회의 안부를 묻고 자기의 깨달음을 전했다.
세월이 흐른 뒤 그 편지들이 모여 성경이 되었다.
사도 바울은 우리를 그리스도의 편지라고 한다.

편지는 인생이다.
편지 안에는 사람 사는 이야기가 들어 있다.
받은 편지를 봉함된 봉투째로 그냥 두고 보는 사람은
모자란 사람이요, 정신 나간 사람이다.

편지는 열어서 읽어야 한다.
그리고 답장을 해야 한다.
감사로 혹은 불평으로 답장을 쓰는 사람이 있다.
답장의 내용이 바로 자기 삶이다.

시의 노래 ♪♬

제9일 우리는 그리스도의 편지

조선어 성경: 고린도후서 3:2-3

"여러분 자신들이 바로 우리의 마음에 새겨져 있는 소개장이
아닙니까? 그것은 누구에게나 다 통하고 누구든지 읽을 수 있
는 소개장입니다. 여러분은 분명히 그리스도께서 우리를 시켜
써 보내신 소개장입니다. 이 소개장은 먹으로 쓴 것이 아니라
살아계신 하나님의 성령으로 쓴 것이며 석판에 새겨진 것이 아
니라 여러분의 마음속에 새겨진 것입니다."

말씀의 초대

바울이 성도들을 그리스도의 편지로 묘사한 것은 우리의 삶이
하나님 나라 역사의 살아 있는 증거임을 강조합니다. 먹이 아니
라 성령으로 쓴 편지, 우리의 삶은 모든 사람이 읽을 수 있도록
쓰였으며, 복음의 변혁적 능력을 반영합니다. 이 편지를 열어보
고 응답하는 행위는 우리 삶의 메시지를 세상과 나누라는 하나
님의 부르심입니다.

1. '어, 성경이 읽어지네'에서 '어, 성경이 살아지네' 말씀대로 삶을 살아가고 있는 흔적이 무엇인가?

2. 그리스도의 편지를 삶으로 답장해 주셨던 분, 나의 전도자를 위해 감사기도를 하고 있는가?

3. 나는 누구를 위해, 누구에게, 어떻게 그리스도의 편지를 보내고 있는가?

찬송과 기도   온 세상 위하여(505장, 통일찬송가 268장)

온 세상 위하여 나 복음 전하리

만 백성 모두 나와서 주 말씀 들어라

죄 중에 빠져서 헤매는 자들아

주님의 음성 곧 듣고 너 구원 받아라

전하고 기도해 매일 증인 되리라

세상 모든 사람들 듣고 그 사랑 알도록

하나님 아버지

종이에 펜으로 말씀이 쓰여진 것이 아니라 나의 영혼에 오직 살아계신 하나님의 영으로 그리스도의 편지를 기록해 주셨으니 절대감사로 그리스도의 편지에 응답하는 인생이 되게 하소서.

10일 철든 사람

때를 아는 사람이 철든 사람이다.
지금이 어느 때인지 알아서
해야 할 일과 하지 말아야 할 일을 분별한다.

반대로 철부지는
지금이 어느 때인지 구분할 줄 몰라
좌충우돌하는 사람이다.

자기가 지금 무엇을 해야 할지
무엇을 하지 말아야 할지
언제 해야 할지를 모르는 사람이다.

율법의 때를 넘어 사랑의 때를 사는 것
하늘의 때와 나의 때를 알고 사는 것
이것이 철든 사람의 행복이다.

시의 노래 ♪♬

제10일 철든 사람

조선어 성경: 전도서 1:2-3

"헛되고 헛되다. 설교자는 말한다. 헛되고 헛되다. 사람이 하늘 아래서 아무리 수고한들 보람 있으랴. 하늘 아래 새것이 있을 리 없다."

말씀의 초대

전도서는 해 아래의 인생이 얼마나 헛되고 반복적인지를 상기시 킵니다. 철든 사람은 무의미한 것을 좇지 않고, 삶의 우선순위를 분별합니다. 하나님의 영원한 리듬에 조율하며 '사랑의 때'를 살 아가는 삶의 진정한 목적을 발견하고 해 아래의 인생이 아닌 해 위에 펼쳐질 영생을 좇아갑니다.

묵상의 초대

1. 나는 철부지인가, 아니면 철든 사람인가?

2. 나는 영적인 사계절, 생로병사(生老病死)의 변화에 맞는 예수 그리스도의 옷 을 갈아입고 살고 있는가?

3. 나는 복음 안에서 사랑으로 철든 사람의 행복을 누리고 있는가?

사철에 봄바람 불어 잇고 하나님 아버지 모셨으니
믿음의 반석도 든든하다 우리 집 즐거운 동산이라
고마와라 임마누엘 예수만 섬기는 우리 집
고마와라 임마누엘 복되고 즐거운 하루하루

하나님 아버지
하나님을 아버지라고 부를 수 있는 하나님의 자녀된 권세를 주
신 것도 감사한데 이렇게 예수를 믿고 철든 사람으로 영적인 사
계절을 분별하며 살아갈 수 있도록 믿음 주셔서 감사합니다.

11일 거듭난 사람

사람은 다 사람이 아니라
사람이 되어야 사람이다.

예수는 반드시 거듭나야 사람이 된다고 했다.
거듭난다는 말은 생사화복을 넘는 것이다.

생(生)은 좋고 사(死)는 나쁜 것이 아니다.
화(禍)는 나쁘고 복(福)은 좋은 것이 아니다.

생사화복은 현상이요 흐름이다.
살 때 살고, 죽을 때 죽는 것이다.

살아도 주를 위해 살고, 죽어도 주를 위해 죽을 뿐이다.
삶과 죽음은 목적이 아니라 수단이다.

시의 노래 ♪♬

제11일 거듭난 사람

조선어 성경: 로마서 14:8

"죽더라도 주님을 위해서 죽습니다. 그러므로 우리는 살아도 주님의 것이고 죽어도 주님의 것입니다."

말씀의 초대

삶과 죽음이 그 자체로 목적이 아니라, 하나님을 영화롭게 하기 위한 수단임을 상기시킵니다. 우리가 살든지 죽든지, 궁극적인 생사의 목적은 주님께 있다는 것입니다. 거듭난다는 것은 인생의 조건들을 넘어 영원한 목적을 받아들이고, 하나님께 영광을 돌리는 삶과 죽음을 살아가는 것입니다.

묵상의 초대

1. 나는 거듭난 사람인가?

2. 태어나 본 적도 없고 죽음도 없는 영적 존재를 경험한 적이 있는가?

3. 생사화복(生死禍福), 생로병사(生老病死)가 삶의 목적인가, 수단인가?

예수로 나의 구주 삼고 성령과 피로써 거듭나니
이 세상에서 내 영혼이 하늘의 영광 누리도다
이것이 나의 간증이요 이것이 나의 찬송일세
나 사는 동안 끊임없이 구주를 찬송하리로다

하나님 아버지
태어난 날, 생일(生日)이 있기에 죽음이 있는 육체의 생사(生死)
를 넘어 태어나 본 적도 없고 죽음도 없는 거듭난 사람으로 영
적 존재의 실재를 알아차리는 하늘 생명을 주셔서 고맙습니다.

12일 등대

등대는 경적을 울리지 않는다.
다만 빛을 비출 뿐이다.

거룩한 삶은
사람들의 가슴에 빛으로 남는다.

시의 노래 ♪♬

제12일 등대

조선어 성경: 마태복음 5:14

"너희는 세상의 빛이다. 산우에 있는 마을도 드러나기 마련이다."

말씀의 초대

예수님은 제자들에게 세상의 빛이 되라고 부르십니다. 거룩한 삶의 조용한 빛을 통해 세상을 비추라는 것입니다. 등대가 소리 없이 빛으로 배를 안전히 안내하듯, 그리스도 안에서 사는 삶은 다른 사람들 마음에 사랑과 은혜의 빛을 비춰 줍니다.

묵상의 초대

1. 빛이 없는 영적 어둠을 경험해 본 적이 있는가?

2. 나의 삶에 묵묵히 기도의 빛이 되어 준 사람은 누구인가?

3. 예수 그리스도의 빛을 전하는 거룩한 삶을 어떻게 살아갈 수 있을까?

하나님의 진리 등대(510장, 통일찬송가 276장)

하나님의 진리 등대 길이 길이 빛나니
우리들도 등대되어 주의 사랑 비추세
우리 작은 불을 켜서 험한 바다 비추세
물에 빠져 헤매는 이 건져내어 살리세

하나님 아버지
"너는 구제할 때에 오른손이 하는 것을 왼손이 모르게 하여 네
구제함을 은밀하게 하라 은밀한 중에 보시는 너의 아버지께서
갚으시리라" 말씀처럼 은밀하고 위대한 삶을 살게 하소서.

13일 숨결

모든 물질에는 결이 있다.
나무는 나뭇결이 드러나야 아름답고
돌은 결을 따라 깨고 다듬어야 아름답다.

숨에도 결이 있는데
들숨에 탄생이 있고, 날숨에 죽음이 있다.

그 사이가 생명이다.
사람은 숨결을 따라 살아야 아름답다.

하나님은 지금도 우리 코에
자기의 숨결을 불어넣고 계신다.

시의 노래 ♪♬

제13일 숨결

조선어 성경: 욥기 33:4

"나도 하나님의 콧김으로 생겨난 몸, 전능하신 분의 입김을 받아 숨 쉬게 된 몸이요."

말씀의 초대

이 말씀은 생명의 호흡이 하나님의 영으로부터 나온다는 사실을 강조합니다. 창조주 하나님은 인간의 생명을 하나님의 숨, 하나님의 말씀으로 유지하시는 분이십니다. 우리가 호흡하는 들숨과 날숨은 단순히 생물학적 활동이 아니라, 우리를 창조주 하나님과 깊이 관계하도록 하는 영적인 실재입니다.

묵상의 초대

1. 과학은 삶과 죽음의 경계를 뇌사(腦死)로 본다. 그렇다면 하나님의 사람, 영적 존재의 죽음에 대한 경계는 어디에 있을까?

2. '들숨과 날숨' 사이에는 무엇이 존재할까?

3. 성령님의 임재를 의식하는 방법은 무엇일까?

찬송과 기도 잠시 세상에 내가 살면서(492장, 통일찬송가 544장)

잠시 세상에 내가 살면서 항상 찬송 부르다가
날이 저물어 오라 하시면 영광 중에 나아가리
열린 천국 문 내가 들어가 세상 짐을 내려놓고
빛난 면류관 받아 쓰고서 주와 함께 다스리리

하나님 아버지
첫 사람 아담의 족보에 있었던 흙에 속한 나를, 하늘에 속한 마
지막 아담, 예수의 족보 안으로 이끄시고 이 땅에서 하늘의 숨으
로 호흡할 수 있도록 성령의 이끌림을 받게 하시니 감사합니다.

14일 숨

숨은 쉬어지는 것이지
내가 숨을 쉬고 싶어 쉬는 것이 아니다.
나에게 나간 숨이 들어오지 못하면 죽는다.
나에게 들어온 숨이 나가지 못하면 죽는다.

내가 죽어 내가 사는 숨
위에서 오는 숨이다.
웃음이요 하늘 숨이다.
숨님이요 성령님이시다.

시의 노래 ♪♬

제14일 숨

조선어 성경: 창세기 2:7

"여호와 하나님께서 진흙으로 사람을 빚어 만드시고 코에 생기를 불어 넣으시니 사람이 되어 숨을 쉬었다."

말씀의 초대

처음부터 생명은 하나님의 숨결에서 오는 선물이었습니다. 하나님의 숨은 우리를 순간마다 지탱하는 생명과 같습니다. 숨은 육체적 생명뿐 아니라, 성령님을 통해 주어지는 영적 생명도 상징합니다. 우리는 하나님의 숨에 의존하며, 그분의 주권 아래 살아가야 함을 상기시켜 줍니다.

묵상의 초대

1. 나에게 찾아올 숨의 분량은 용량이 정해져 있는 것일까?

2. 성령님의 우숨, 위에서 오는 숨을 어떻게 맞이할 수 있을까?

3. 태초에 아담의 코에 불어넣으신 생기(숨)는 지금 어디에 있을까?

내 모든 소원 기도의 제목 예수를 닮기 원함이라
예수의 형상 나 입기 위해 세상의 보화 아끼잖네
예수를 닮기 내가 원하네 날 구속하신 예수님을
내 마음속에 지금 곧 오사 주님의 형상 인치소서

하나님 아버지
나에게 가장 가까운 호흡마저도 내 마음대로 하지 못하는 인간
의 유한함을 깨닫습니다. 들숨과 날숨에 엇박자 생기면 이것이
바로 죽음이라는 사실을 사실대로 알아차리게 하소서.

15일 지금, 여기

세상에서 제일 쉬운 일이 있다.
미루는 것이다.

그러나 누구도 미룰 수 없는 일이 있다.
그것은 바로, 죽음이다.

죽음은
지금, 여기다.

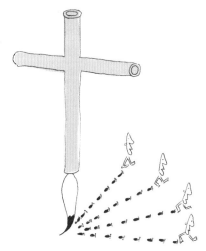

시의 노래 ♪♬

제15일 지금, 여기

조선어 성경: 고린도후서 6:2

"하나님께서는 너의 자비를 베풀 만한 때에 네 말을 들어주었고 너를 구원해야 할 날에 너를 도와 주었다. 하고 말씀하셨습니다. 지금 바로 그 자비의 때이며 오늘이 바로 구원의 날입니다."

말씀의 초대

바울은 하나님의 부르심에 응답할 시간은 바로 지금이라고 상기시킵니다. 구원은 시급하고 즉각적인 응답을 요구하며, 삶의 가장 중요한 순간들은 현재에 이루어집니다. 성령님의 역사는 항상 현재입니다. 그래서 하나님의 은혜는 우리를 '지금'이라는 시간으로 초대합니다.

묵상의 초대

1. 삶의 영역에서 내일로 미뤄왔던 영적인 일들이 있었을까?

2. 하나님의 뜻을 이루기 위해 오늘, 지금, 내가 할 수 있는 일은 무엇일까?

3. 나에게는 죽음을 하나님의 선물로 받아 누릴 수 있는 믿음이 있을까?

주님의 뜻을 이루소서(425장, 통일찬송가 217장)

주님의 뜻을 이루소서 고요한 중에 기다리니
진흙과 같은 날 빚으사 주님의 형상 만드소서
주님의 뜻을 이루소서 병들어 몸이 피곤할 때
권능의 손을 내게 펴사 새롭게 하여 주옵소서

하나님 아버지

죽었다는 것은 주어진 시간이 모두 소진되었다는 것이고, 지금 살아 있다는 것은 아직까지는 주어진 시간이 남아 있다는 것이니 지금, 나에게 밀려오는 모래시계의 시간을 잘 사용하게 하소서.

 ## 16일 죽음

말씀이 육신이 되는 것이
죽음이다.
말씀이 삶에 녹아지는 것이
죽음이다.

육체의 죽음이 오기 전에
말씀으로 사는 자가
죽음을 이긴
그리스도인이다.

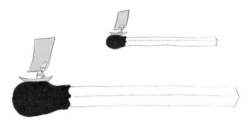

시의 노래 ♪♬

제16일 죽음

조선어 성경: 요한복음 5:24

"정말 잘 들어두어라. 나의 말을 듣고 나를 보내신 분을 믿는 사람은 영원한 생명을 얻을 것이다. 그 사람은 심판을 받지 않을 뿐만 아니라 이미 죽음의 세계에서 벗어나 생명의 세계로 들어섰다."

말씀의 초대

진정한 죽음은 단순히 육체의 끝이 아니라, 삶 속에 하나님의 말씀이 부재한 상태입니다. 예수님은 그분의 말씀을 듣고 하나님을 믿는 자가 이미 사망에서 생명으로 옮겨졌다고 약속하십니다. 이는 말씀 안에서 걷고 부활을 신뢰하는 그리스도인이 누리는 승리입니다.

묵상의 초대

1. 죽음이 오기 전에 미리 죽는다. 육체의 죽음이 오기 전에 말씀으로 미리 죽는다는 것은 무슨 의미일까?

2. 죽은 나를 떠나는 것이 십자가요 죽지 않는 나를 찾는 것이 부활이다. 십자가와 부활을 이 땅에서 어떻게 경험할 수 있을까?

3. 사망아 너의 승리가 어디 있느냐 사망아 네가 쏘는 것이 어디 있느냐 사망이 쏘는 것은 죄요 죄의 권능은 율법이라(고전 15:55-56). 몸은 흙에서 왔고, 피는 물에서 왔고, 숨은 공기에서 왔는데 죽음은 무엇과 무엇의 분리인가?

구름 같은 이 세상 모든 부귀영화

나는 분토와 같이 내어 버리고서

오직 천국의 복만 사모하며 사니

주여 내 작은 이름 기억하옵소서

주가 나의 이름 보좌 앞에 놓인

어린양 생명책에 기록하셨을까

하나님 아버지

'내가 그리스도 예수 우리 주 안에서 가진바 너희에 대한 나의 자랑을 두고 단언하노니 나는 날마다 죽노라' 죽음을 털어 버리고 자랑했던 바울처럼 사나 죽으나 오직 예수만 자랑하게 하소서.

17일 긍휼과 미움

긍휼은

영적인 분별력의 결과이고

미움은

판단과 정죄의 결과다.

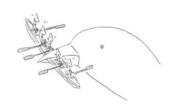

시의 노래 ♪♬

제17일 긍휼과 미움

조선어 성경: 야고보서 2:13

"무자비한 사람은 무자비한 심판을 받습니다. 그러나 자비는 심판을 이깁니다."

말씀의 초대

긍휼은 하나님의 마음을 가장 잘 반영하며, 심판을 넘어 치유와 화해를 가져옵니다. 야고보서는 긍휼이 심판을 이긴다고 강조하며, 우리에게 그리스도의 자비를 우리의 삶 속에서 반영하라고 도전합니다. 반면, 미움은 판단과 정죄에서 비롯되어 하나님이 요구하시는 사랑과 화해에서 우리를 멀어지게 합니다.

묵상의 초대

1. 영적인 분별력의 결과가 긍휼이라는 증거는 무엇일까?

2. 판단과 정죄가 아닌 사실을 사실대로 바라보는 믿음의 근거는 무엇일까?

3. 생각 너머에 계신 하나님을 만나 본 경험이 있는가?

이 눈에 아무 증거 아니 뵈어도(545장, 통일찬송가 344장)

이 눈에 아무 증거 아니 뵈어도 믿음만을 가지고서 늘 걸으며
이 귀에 아무 소리 아니 들려도 하나님의 약속 위에 서리라
걸어가세 믿음 위에 서서 나가세 나가세 의심 버리고
걸어가세 믿음 위에 서서 눈과 귀에 아무증거 없어도

하나님 아버지
세상에서 가장 쉬운 것이 다른 사람을 판단하고 정죄하는 것이기
에 사람들을 만날 때마다 미움이 아닌 긍휼로 사실을 사실대로
바라볼 수 있는 영적 분별력, 영권·인권·물권을 덧입혀 주소서.

18일 선교사

예수 그리스도가 없는 가슴마다
선교지이고
그리스도 예수가 있는 가슴마다
선교사다.

먼저 선(先), 가르칠 교(敎), 죽을 사(死).
먼저 예수를 전하다가 죽는 자가 선교사다.
첫 번째 선교사는
말씀이 육신이 되어
이 땅에 사람으로 오신 예수님이시다.

시의 노래 ♪♫

제18일 선교사

성경 묵상: 요한복음 1:14

"말씀이 사람이 되어서 우리와 함께 계셨는데 우리는 그분의 영광을 보았다. 그것은 외아들이 아버지에게서 받은 영광이었다. 그분께서는 은혜와 진리가 충만하였다."

말씀의 초대

하늘 보좌를 버리시고 이 땅에 최초의 선교사로 오신 예수님은 하나님의 선교를 위해 육신을 입고 이 땅에 오셔서 우리와 함께 하셨습니다. 은혜와 진리가 충만한 예수님은 십자가에 죽으시고 부활하시고 승천하셨습니다. 다시 오신다고 약속하신 예수님은 우리의 구원자이십니다. 예수님이 없는 가슴이 선교지임을 기억하며 우리도 예수를 증거하는 선교사로 부름 받았습니다.

묵상의 초대

1. 선교사는 누구일까? 나는 선교사인가?

2. 선교사(先敎死)에 대한 한자의 의미를 해석할 수 있을까?

3. '하나님의 선교, 하나님 백성의 선교'는 어떤 차이가 있을까?

구주 예수 의지함이 심히 기쁜 일일세
허락하심 받았으니 의심 아주 없도다
예수 예수 믿는 것은 받은 증거 많도다
예수 예수 귀한 예수 믿음 더욱 주소서

하나님 아버지
예수 믿게 해 주신 것도 감사한데, 예수를 증거할 수 있는 선교사
로 불러 주셔서 고맙습니다. '하나님이 보시기에 심히 좋았더라'
그래, 참 잘했어. 말씀하시는 선교사로 끝까지 쓰임받게 하소서.

19일 전우가 된 안해

북한에서는 아내를 '안해'라고 쓴다.
내 안에 있는 해
바깥 날씨의 온도는 변하지만
내 안해의 날씨는 항상 해맑음이다.

십자가를 기대고 살면
무척 편하다.
십자가를 지고 가면
무척 힘들다.

예수의 십자가를 숭배하면 넓고 쉽다.
나의 십자가를 짊어지면 좁고 어렵다.
어둠 속에 길이 있다 하지만
빛이 보이지 않아 터널을 통과하기가 결코 쉽지 않다.

어둠을 살라 먹는 그 길이 힘들지만
그 어둠을 함께 밝히는 안해가 있기에 항상 쉽다.
함께 의지하며

시의 노래 ♪♬

제19일 전우가 된 안해

어둠을 깨우는 사람, 안해가 나에게 있다.

그 길을 가는 사람이 여기에 있다.

'안해'는 나의 전우다.

오늘의 말씀　조선어 성경: 전도서 4:9-10

"혼자서 애를 쓰는 것보다 둘이서 함께하는 것이 낫다. 그들의 수고가 좋은 보상을 받기 때문이다. 넘어지면 일으켜 줄 사람이 있어 좋다. 외톨이는 넘어져도 일으켜 줄 사람이 없어 보기에도 딱하다."

말씀의 초대

부부의 독특한 관계를 통해 발견되는 힘과 위로를 강조합니다. '안해,' 즉 "내 안에 있는 해"처럼 배우자는 삶의 가장 어두운 터널 속에서도 빛과 따뜻함을 제공합니다. 아담이 하와에게 "당신이 바로 나"라고 고백했던 하나 됨의 부부는 하나님의 창조 작품입니다.

1. 전우의 시체를 넘고 넘어 앞으로 나아갈 동지가 있는가?

2. 어둠을 살라먹는 그 길에 밝음을 비추는 길동무가 있는가?

3. 십자가에 기대는 자가 아니라 십자가를 함께 짊어질 순례자가 있는가?

찬송과 기도   멀리 멀리 갔더니(387장, 통일찬송가 440장)

멀리 멀리 갔더니 처량하고 곤하며
슬프고 또 외로워 정처 없이 다니니
예수 예수 내 주여 지금 내게 오셔서
떠나가지 마시고 길이 함께하소서

하나님 아버지
다니다가 쉴 때에 쓸쓸한 곳 만나도 홀로 있게 마시고 주여 보호하소서. 나그네 인생길에 순례자의 여정을 함께 찬송하며 걷는 길동무 안해, 동역자를 주셔서 감사합니다. 할렐루야!

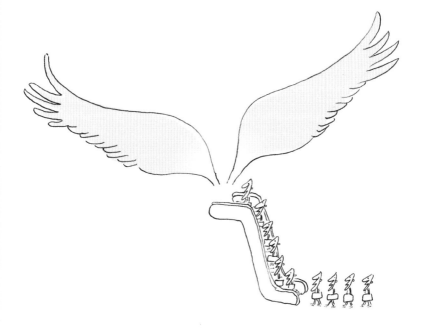

이민교 작사,
이실라 노래 ♪♬

가슴을 열어

가슴을 열어

이민교

산 속에 살았던 물고기가
소록도 한센인들의 기도 작품 되어
바다를 만나 허우적거린다

하나님의 비밀을 간직한 사람 되어
삶이 어우러진 사랑으로
장애인들을 가슴으로 낳는다

새 심장 새 사람 새 시대 새 노래로
땅과 하늘이 만나는 이곳에서
천국독립군 하늘춤으로 여기를 산다

2부

북녘 땅에
심은
하늘씨앗

20일 통일 금식의 시작

다니엘이 예레미야서를 읽다가 9장에서
하나님이 바벨론 포로 기간을 70년(BC 650-BC 538)으로
설정해 두신 것을 발견하게 된다.

그때가 바로 1-2년을 남겨 둔 시기였는데
다니엘은 즉시 금식하며 기도하기 시작한다.

1945년 미국과 소련이 손잡고 그은 선, 38
남과 북의 분단 80년,
동방의 예루살렘 회복을 위해
오늘을 금식한다.

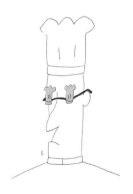

시의 노래 ♪♬

제20일 통일 금식의 시작

성경 묵상: 다니엘 9:2-3

"다리우스 제1년에 나 다니엘은 성서를 읽다가 여호와께서 예언자 예레미야에게 하신 말씀에서 예루살렘이 돌무더기로 남아 있을 햇수가 70년이라는 것을 알게 되었다. 나는 삼베를 걸치고 금식하며 먼지를 들쓴 채 주 하나님을 우러러 기도를 올리며 자비를 빌었다."

말씀의 초대

다니엘이 하나님이 약속하신 정한 때를 깨닫고 금식과 기도로 응답한 것처럼, 통일 금식은 우리가 하나님께 긴급함과 희망을 가지고 나아가도록 부르십니다. 다니엘이 그의 백성을 위해 중보했던 것처럼, 우리는 한반도를 위한 하나님의 자비와 개입을 간구하며, 치유와 연합을 위한 그분의 완벽한 계획과 때를 신뢰합니다.

묵상의 초대

1. 하나님이 약속하신 정한 때를 기대하며 금식하고 있는가?

2. 통일 금식의 영적 의미는 무엇일까?

3. 금식을 통해 얻을 수 있는 이웃은 누구일까?

옳은 길 따르라 의의 길을 세계 만민이 의의 길
이 길 따라서 살 길을 온 세상에 전하세 만 백성이 나갈 길
어둔 밤 지나서 동튼다 환한 빛 보아라 저 빛
주 예수의 나라 이 땅에 곧 오겠네 오겠네

하나님 아버지
흉악의 결박을 풀어주며 멍에의 줄을 끌러 주며 압제당하는 자
를 자유케 하며 모든 멍에를 꺾는 것이 내 골육을 위한 그 길이
기에 묵묵히 하나님이 기뻐하는 통일금식이 되게 하소서.

85

21일 통일금식은 사랑이다

통일 연습을 실천하며 선택한 통일금식.
고난주간에 말씀 앞에 금식하고
기쁨과 생명의 부활 주일을 맞이한다.

통일금식은
먹을 것이 없어서 굶는 것이 아니라
먹을 것이 있기에 함께 나눠 먹겠다고 다짐하는 것이다.

통일금식은
하나님 사랑, 이웃 사랑을 합한 더하기다.
통일금식은 사랑이다.

시의 노래 ♪♬

제21일 통일금식은 사랑이다

조선어 성경: 마태복음 22:37-39

"예수께서 이렇게 말씀하셨다. 네 마음을 다하고 목숨을 다하고 뜻을 다하여 주님이신 너희 하나님을 사랑하라. 이것이 가장 크고 첫째가는 계명이고 네 이웃을 네 몸과 같이 사랑하라는 둘째 계명도 이에 못지 않게 중요하다."

오늘의 금식

통일금식은 하나님 사랑과 이웃 사랑이라는 두 가지 가장 큰 계명의 본질을 반영합니다. 이는 고통을 기억하는 것을 넘어 축복을 나누고 사랑으로 다른 사람을 품으려는 의도적인 자기 부인의 행위입니다. 통일금식은 마음을 하나님의 뜻에 맞추고, 예수 사랑을 실천하는 영적 훈련이 됩니다.

묵상의 초대

1. 하나님은 소원이 있을까?

2. 하나님이 사랑하는 사람들의 범주는 어디까지 일까?

3. 사랑을 받는 것이 먼저일까? 사랑을 주는 것이 먼저일까?

예수 사랑하심은(563장, 통일찬송가 411장)

예수 사랑하심은 거룩하신 말일세
우리들은 약하나 예수 권세 많도다
날 사랑하심 날 사랑하심 날 사랑하심 성경에 써 있네

하나님 아버지
음식을 절제하는 것이 사람들에게 보여주는 외적 행위가 아니라
마음을 다하고 목숨을 다하고 뜻을 다하는 삶, 모든 것을 쏟아
붓는 삶이 하나님 사랑, 이웃 사랑의 흔적이 되게 하소서.

22일 큰일이 아닌 위대한 일

새해를 맞이하는 통일금식의 자세는
큰일이 아닌 위대한 일을 향한 발걸음이다.
아흔아홉 마리의 양을 우리 안에 넣는 일이 큰일이라면
잃어버린 한 마리의 양을 찾아 나서는 일은 위대한 일이다.

주님
이 땅의 통일 준비에
큰일이 아닌 위대한 일을 감당하도록 은혜를 부으소서.
Not big, but great.

시의 노래
제22일 큰일이 아닌 위대한 일

"너희 가운데 누가 양 1백 마리를 가지고 있었는데 그중에서 한 마리를 잃었다면 어떻게 하겠느냐. 아흔아홉 마리를 들판에 그대로 둔 채 잃은 양을 찾아 헤매지 않겠느냐. 그러다가 찾게 되면 기뻐서 양을 어깨에 메고."

말씀의 초대

예수님의 잃은 양의 비유에서 큰일과 위대한 일은 업적과 은혜를 대조합니다. 통일을 준비하는 과정에서, 그 초점은 화려한 몸짓이 아닌, 하나님의 뜻에 맞는 진정한 행동으로 옮겨갑니다. 잃어버린 양을 찾는 것은 회복을 향한 하나님의 마음과 우리에게 주어진 사랑과 신실함의 부르심을 나타냅니다.

묵상의 초대

1. 통일 금식은 큰일인가? 위대한 일인가?

2. 통일 준비에 큰일은 무엇이고 위대한 일은 무엇일까?

3. 잃어버린 양을 찾아 나서는 '용서받은 탕자'의 마음은 무엇일까?

주님의 마음을 본받는 자(455장, 통일찬송가 507장)

주님의 마음을 본받는 자 그 맘에 평강이 찾아옴은
험악한 세상을 이길 힘이 하늘로부터 임함이로다
주님의 마음 본받아 살면서 그 거룩하심 나도 이루리

하나님 아버지
큰일도 중요하고 위대한 일도 중요하지만, 무엇보다 주님의 마음
을 본받는 자가 되어 잃어버린 한 마리의 양을 찾고 찾는 용서
받은 탕자의 마음, 천국 독립군으로 살아가게 하소서.

23일 8월의 부활

8월은 우리에게 큰 의미를 주는 달이다.
8월 15일 광복절은 일본으로부터 우리의 주권과 땅
그리고 육신의 자유를 회복한 날이다.

허리에 38선이라는 커다란 못이 박혀 있는 지금의 대한민국
그 못으로 인해 남과 북은 고난과 아픔을 갖고 살아간다.
그 못으로 인해 남과 북은 회개의 눈물을 흘리며 살아간다.
그 못으로 인해 남과 북은 십자가를 바라보며 살아간다.
그 못으로 인해 남과 북은 금식하고 기도하며 살아간다.

38선이라는 허리에 박혀 있는 못을 빼어냄으로
남과 북이 영적으로 회복되는 8월의 부활을 맞이하면 좋겠다.

시의 노래 ♪

제23일 8월의 부활

조선어 성경: 이사야 58:6

"내가 기뻐하는 금식은 바로 이런 것이다. 주 여호와께서 말씀
하셨다. 억울하게 묶인 이를 풀어 주고 멍에를 벗겨 주는 것, 압
제받는 이들을 석방하고 모든 멍에를 부셔 버리는 것이다."

말씀의 초대

38선이라는 영적 고통을 한반도의 현실로 표현하고 있습니다. 그
러나 이 못은 또한 회개와 금식, 기도의 자리로 우리를 이끌고
있습니다. 8월 15일이 육체적 해방을 상징하듯, 이 못이 제거되는
것을 영적 회복과 자유로 상징합니다. 하나님의 능력을 통해 희망
과 치유로 부활하는 통일 한국을 꿈꾸도록 우리를 초대합니다.

묵상의 초대

1. 38선을 한국의 역사 속 '못'으로 묘사한 의미는 무엇일까?

2. 38년 광야, 38년 병자, 38선이 연결되는 언어의 유희를 어떻게 생각하는가?

3. 한반도 땅에 찾아올 '8월의 부활' 통일이 가능하다고 생각하는가?

주여 지난 밤 내 꿈에 뵈었으니 그 꿈 이루어 주옵소서

밤과 아침에 계시로 보여 주사 항상 은혜를 주옵소서

나의 놀라운 꿈 정녕 나 믿기는 장차 큰 은혜 받을 표니

나의 놀라운 꿈 정녕 이루어져 주님 얼굴을 뵈오리라

하나님 아버지

8월의 크리스마스, 한 여름 밤의 성탄, 우리의 생각을 뛰어 넘는 하나님의 생각대로 8월의 부활, 8월의 은혜, 8월의 회복을 허락해 주소서. 한반도 땅에 박혀 있는 38선의 대못을 제거하여 주소서.

24일 먹히는 밥

두 달여 동안 몸무게가 7kg 빠졌다.
내일 모레 윗동네 심방을 떠나야 하기에
오늘은 저녁을 먹었다.

육이 영을 지배하는 자, 영이 육을 지배하는 자.
생명의 떡으로 이 땅에 오신 예수님,
생명의 밥으로 이 땅에 오신 예수님.

사람들에게 먹히기 위해 이 땅에 오신 예수님,
먹혀야만… 죽어야만… 살릴 수 있는 하늘의 밥으로
십자가에서 온전히 먹히신 예수님.

통일금식 이후에 밥상에 올라온 음식들이
우리에게 온전히 먹혀서
그것을 먹은 자들이
이제 세상의 밥이 되는 것처럼
사람들이 살아나는 힘의 원천이신
예수 그리스도의 삶을 따라가는

시의 노래 ♪♬

제24일 먹히는 밥

먹히는 밥, 생명의 밥, 살리는 밥…
나도 이제 밥이 되어
사람들을 살려주는
하늘의 밥이 되겠다고 다짐해 본다.

"통일의 밥이 되겠습니다.
최소한 5천 명을 먹이고도 남는 하늘나라 장사꾼으로
먹히는 밥이 되어 이웃을 얻겠습니다."

오늘의 말씀 조선어 성경: 요한복음 6:51

"나는 하늘에서 내려온 살아 있는 빵이다. 이 빵을 먹는 사람
은 누구든지 영원히 살 것이다. 내가 줄 빵은 곧 나의 살이다.
세상은 그것으로 생명을 얻게 될 것이다. 라고 말씀하셨다."

말씀의 초대

예수님이 하늘에서 내려온 생명의 떡이라고 하십니다. 생명의
떡, 생명의 밥이신 예수 그리스도의 변혁적 능력을 상기시킵니
다. 그리스도께서 세상에 생명을 주기 위해 먹히셨듯이, 우리는
그분의 본을 따라 세상을 먹이고 소생시키는 밥이 되라는 부름
을 받습니다. "먹히는 것"은 자기 부인과 희생, 그리고 섬김의 행
위로, 그리스도의 삶과 사역의 본질을 반영합니다.

1. 먹히는 밥으로 오신 생명의 예수를 깊이 생각해 보았는가?

2. 위에서는 물이 내려오고 밑에서는 불이 올라가는 물과 불의 상극이 만나는 상생의 밥 짓기에서 나의 역할은 무엇일까?

3. '통일의 밥'이 되는 하늘나라 장사꾼의 비밀은 무엇일까?

찬송과 기도   예수는 나의 힘이요(93장, 통일찬송가 93장)

예수는 나의 힘이요 내 생명 되시니

구주 예수 떠나가면 죄 중에 빠지리

눈물이 앞을 가리고 내 맘에 근심 쌓일 때

위로하고 힘 주실 이 주 예수

하나님 아버지

'나는 주의 이름으로 일컬음을 받는 자라 내가 주의 말씀을 얻어먹었사오니 주의 말씀은 내게 기쁨과 내 마음의 즐거움이라' (렘 15:16). 예레미야의 기도처럼 사람 살리는 밥이 되게 하소서.

25일 목사 선생

남쪽 여수에 북한 성도의 배고픔을 생각하며
40여 년간 오전 금식하시는 목사 선생이 있다.
예수 믿는 사람들이
하나님 사랑, 이웃 사랑을 실천했다면
북한은 좀 더 달라졌을 것이라고 항상 말씀하셨다.

윗동네 심방 이후에 목사 선생을 만났더니
살이 쭉 빠져 있었다.
개성공단이 폐쇄된 이후에 할 수 있는 일이 없어서
'일일일식(一日一食)'한다고 하신다.

목사 선생은
하나님의 은혜와 자기 부인의 십자가 삶을
날마다 반복하고 계신다.

시의 노래 ♪♬

제25일 목사 선생

조선어 성경: 갈라디아서 2:20

"이제는 내가 사는 것이 아니라 그리스도가 나의 안에서 사시는 것입니다. 지금 내가 살고 있는 것은 나를 사랑하시고 또 나를 위해서 당신의 몸을 내어주신 하나님의 아들을 믿는 믿음으로 사는 것입니다."

말씀의 초대

내가 내 몸을 쳐 복종하게 함은 내가 남에게 전파한 후에 자신이 도리어 버림을 당할까 두려워했던 바울처럼 끊임없이 자기 부인의 길, 십자가의 삶으로 하나님과 이웃에 대한 깊은 사랑을 보여 줍니다. 우리도 자신의 십자가를 지고, 구체적인 방법으로 그리스도의 사랑을 반영할 수 있는지 고민하게 합니다.

묵상의 초대

1. 자기 부인의 삶을 산다는 것은 무엇일까?

2. 인간의 기본 3대 욕구인 수면욕, 식욕, 성욕을 어떻게 해석하고 있는가?

3. 나의 나 됨이 전적인 하나님의 은혜임을 고백하는 믿음의 삶은 무엇일까?

주 예수의 강림이 가까우니 저 천국을 얻을 자 회개하라
주 성령도 너희를 부르시고 뭇 천사도 나와서 영접하네
내 아버지 주시는 생명양식 다 배불리 먹고서 영생하라
곧 의심을 버리고 주께 오면 그 한없는 자비를 힘 입으리

하나님 아버지
성경책에 기록된 글자가 삶의 현장에서 말씀으로 꿈틀거리게 하
시고, 내 몸을 복종케 하는 한 끼 식사를 통해 하나님의 은혜와
자기 부인의 십자가의 거룩한 삶이 풀어지게 하소서.

26일 평양 마라톤 대회

마라톤은
누구나 시작할 수 있다.

그러나
42.195킬로미터를 완주하는 사람은
몇이 안 된다.

열심히 달리는 사람
멈추지 않고 달려온 사람
이런 사람들만이 완주하게 된다.

매일 달리는 사람이
무서운 사람이다.

그것이
자기를 사랑하는 길이고
자기 십자가를 지고 예수를 좇는 사람이다.

시의 노래 🎵

제26일 평양 마라톤 대회

나는

이런 사람이 되고 싶다.

하나님이 '보시기에 심히 좋았더라'고

말씀하시는 사람

끝까지 달리는 사람.

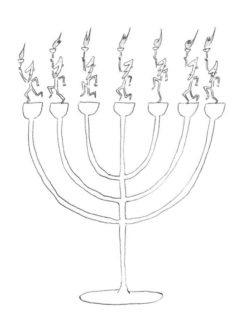

조선어 성경: 디모데후서 4:7

"나는 훌륭하게 싸웠고 달릴 길을 다 달렸으며 믿음을 지켰습니다."

말씀의 초대

인생의 영적 마라톤을 반영하며, 인내와 신실함, 그리고 매일의 헌신이 필요하다고 말합니다. 무엇보다 그리스도인의 삶은 잘 시작하는 것만이 아니라, 끝까지 신실하게 완주하는 것임을 상기시킵니다. 마라톤이 지속적인 노력을 요구하듯, 예수님을 따르는 삶도 흔들림 없는 헌신을 요구합니다.

묵상의 초대

1. 마라톤을 위해 필요한 영적 훈련은 무엇이 있을까?

2. 마라톤 완주를 위해 매일 달려야 하는 습관은 무엇일까? (눅 22:39)

3. 나의 달려갈 길을 마치고 믿음을 지켰으니 이제 후로는 나를 위하여 의의 면류관이 예비되었다는 것은 무엇일까?

주와 같이 길가는 것 즐거운 일 아닌가
우리 주님 걸어가신 발자취를 밟겠네
한 걸음 한 걸음 주 예수와 함께
날마다 날마다 우리는 걷겠네

하나님 아버지
강한 자가 살아남는 것이 아니라 살아남는 자가 강한 자이기에
두려워하거나 비굴하지 않은 겸손한 자로 포기하지 않고 끝까지
달려가는 하나님 나라 마라톤 선수로 살아남게 하소서.

27일 상승 기류

온탕, 냉탕, 온탕, 다시 냉탕으로
오늘은 이곳, 내일은 저곳
윗동네, 아랫동네, 옆 동네.

긴박한 상황에서 하늘 중심으로
담대하게 버틸 수 있음에 감사하며
오늘도 북녘에 밀알을 심는다.

새벽을 깨우는 행복이
피 흘림이 없는 복음통일 준비에
희망이 되고 있다.

아버지의 자식 사랑을 넘어
할아버지가 손자를 사랑하는 마음으로 살고 싶다.
수평바람이 아닌 수직바람에 머물고 싶다.

시의 노래 ♪♬

사람 보기에 좋은 모습이 아니라
하나님만 보시기에 심히 좋은 사람으로
끝까지 남고 싶다.

제27일 상승 기류

조선어 성경: 갈라디아서 1:10

"내가 지금 사람들의 지지를 얻으려고 합니까? 아니면 하나님의 지지를 얻으려고 합니까? 내가 사람들의 호감이나 사려는 줄 압니까? 내가 아직도 사람들의 호감을 사려고 한다면 나는 그리스도의 일꾼이 아닐 것입니다."

말씀의 초대

삶의 혼란 속에서도 수직적으로 하나님께 집중하며 높은 부르심을 따를 필요성을 반영합니다. 수직바람의 이미지는 하나님의 목적에 맞추어진 삶을 상징하며, 하나님 보시기에 '심히 좋다'는 소망은 창조를 향한 하나님의 기쁨을 반영합니다. 믿음 안에서 인내하며 서로 사랑하고 담대히 섬기도록 부름받았습니다.

묵상의 초대

1. '북녘에 밀알을 묻는다' vs '북녘에 밀알을 심는다'에 대한 표현의 차이는 무엇일까?

2. 피 흘림이 없는 복음적 통일 준비를 위해 나는 무엇을 어떻게 준비하고 있는가?

3. 하나님 보시기에 심히 좋은 사람, 통일의 일꾼은 누구일까?

주를 앙모하는 자 올라가 (올라가) 올라가 (올라가)
독수리같이 모든 싸움 이기고 근심 걱정 벗은 후
올라가 (올라가) 올라가 (올라가) 독수리같이
주 앙모하는 자 주 앙모하는 자 주 앙모하는 자 늘 강건하리라

하나님 아버지
날갯짓으로 올라가는 새가 아니라 상승 기류에 날개를 맡겨 하
늘을 비상하는 독수리처럼 수평바람이 아닌 수직바람에 이끌리
는 성령의 사람, 천상의 독수리로 끝까지 살아남게 하소서.

28일 북한의 만우절

북한에도 4월 1일, 만우절이 있다.
평양호텔 문을 두드리며 "통일이 왔어요! 통일이…"
이렇게 외치고 싶었다.

그러다가 잡히면, "오늘은 만우절"이라고 하면
어떻게 될까, 상상해 본다.
3월의 매서운 꽃샘추위가 끝나고
이제 희망찬 4월의 아침을 맞이한다.
4월의 대동강 아침은 여느 때와 다른 느낌이다.

반려견과 함께 운동하는 북조선 여인에게 물었다.
"개가 몇 살이에요?"
"네 년이요."

질문이 다르다는 것을 알아 차렸다.
개를 인격체로 보고 몇 살이냐고 질문한 나의 실수였다.
그들은 애완견인 개 역시 물건으로 보고
몇 살이 아닌, 몇 년이 지났다고 답한다.

개를 인격체로 생각하는 문화 속에서의 질문을 생각하면서
생각 너머에 계신 하나님을 오늘도 삶의 현장에서 만나 본다.
"통일이 되었습니다. 통일이 되었어요"라는
만우절의 첫 음성이
현실로 다가오는 그날을 꿈꾸며
북한의 중심, 평양에서 4월의 통일금식을 의미 있게 보낸다.

오늘의 말씀 조선어 성경: 하박국 2:3

"네가 본 일은 때가 되면 이루어진다. 끝날은 반드시 찾아온다.
쉬 오지 않더라도 기다려라. 기어이 오고야 만다."

말씀의 초대

통일을 향한 깊은 갈망을 담고 있습니다. 연기되는 듯 보이지만
확고한 희망입니다. 하나님의 회복과 성취에 대한 비전이 보장되
어 있음을 상기시킵니다. 문화적 차이에 대한 성찰과 하나님의
초월적 본성에 대한 인식은 삶의 복잡성 속에서도 그분을 신뢰
하도록 우리를 초대합니다.

시의 노래 ♪♬

제28일 북한의 만우절

1. '아부는 능력이고 거짓말은 실력'이라는 표현을 어떻게 생각하는가?

2. 악의 없는 거짓말로 서로 속이면서 즐기는 만우절(萬愚節)의 의미는 무엇일까?

3. '통일이 되었습니다. 통일이 되었어요' 만우절의 거짓말이 현실로 다가올 수 있을까?

찬송과 기도   너 시험을 당해(342장, 통일찬송가 395장)

너 시험을 당해 범죄치 말고
너 용기를 다해 곧 물리쳐라
너 시험을 이겨 새 힘을 얻고
주 예수를 믿어 늘 승리하라
우리 구주의 힘과 그의 위로를 빌라
주님 네 편에 서서 항상 도우시리

하나님 아버지

모세가 이스라엘 백성들을 위해 올린 기도가 나의 기도되게 하소서. '이제 그들의 죄를 용서하여 주소서. 그렇지 아니하시면 원하건대 주께서 기록하신 책에서 내 이름을 지워 버려 주소서.'

29일 북한, 중국, 한국

생일(生日)은 태어난 날이다.
태어난 사람은 죽음이 있다.
태어났다가 죽는 사람이 있고
왔다가 다시 본향으로 돌아가는 사람이 있다.

나의 생일은 어머니 자궁에서 태어난 육체의 날이다.
지구복인 육체의 옷을 입고 지구를 방문한 날이다.
하늘이 열리던 그날에 나는 또 다른 나를 만났다.
태어나 본 적도 없고, 그래서 죽음이 없는 나를 만났다.

지구복을 입고 살아온 지 50년이 되는 오늘의 생일은 특별하다.
아침은 북한 평양에서
점심은 중국 심양에서
저녁은 대한민국 서울에서
밥을 먹었다.

시의 노래 🎵

제29일 북한, 중국, 한국

"그러나 우리는 하늘의 시민입니다. 우리는 거기에서 오실 구세주 되시는 주 예수 그리스도를 고대하고 있습니다. 그리스도께서는 만물을 당신께 복종시킬 수 있는 능력을 가지고 오셔서 우리의 비천한 몸을 당신의 영광스러운 몸과 같은 형상으로 변화시켜 주실 것입니다."

말씀의 초대

육체적 출생과 죽음, 그리고 영원한 삶의 영적 실재, 삶의 이중성을 반영하고 있습니다. 믿는 자로서 우리의 참된 시민권이 하늘에 있음을 상기시킵니다. 육체를 입고 살아가는 이 땅의 삶은 일시적이며 경험과 이정표로 가득 차 있지만, 우리의 궁극적 변형은 그리스도 안에 있습니다. 영원을 바라보는 관점에서 삶을 조명합니다.

1. 생사해탈(生死解脫) ⇒ 죽음에 대한 얽매임을 벗어 버린다는 것과 부활이 주는 의미는 어떻게 다를까?

2. 육체의 옷, 지구복을 입고 지구를 방문했다는 생일(生日)의 의미는 무엇일까?

3. 오늘은 이곳 내일은 저곳, 지구의 중력과 하늘의 중력에 끌려 사는 삶의 목적은 무엇일까?

찬송과 기도 오 놀라운 구세주(391장, 통일찬송가 446장)

오 놀라운 구세주 예수 내 주 참 능력의 주시로다

큰 바위 밑 샘솟는 그곳으로 내 영혼을 숨기시네

메마른 땅을 종일 걸어가도 나 피곤치 아니하며

저 위험한 곳 내가 이를 때면

큰 바위에 숨기시고 주 손으로 덮으시네

하나님 아버지

아비도 없고 어미도 없고 족보도 없고 시작한 날도 없고 생명의 끝도 없어 하나님 아들과 방불하여 항상 제사장으로 있는 의의 왕, 살렘 왕, 평강의 왕이 남과 북, 한반도 땅에 주인 되어 주소서.

30일 빛과 어두움

빛과 어두움은 싸워 본 적이 없다.
빛은 항상 어두움을 이긴다.

어두움 역시 한 번도 빛을 이겨 본 적이 없다.
그런데 작은 빛은, 큰 어둠을 물리칠 힘이 없다.

나의 작은 빛, 촛불 되어
북녘 땅에 사랑으로 녹아 내리고 있다.

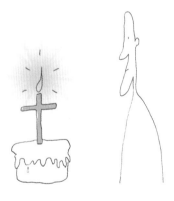

시의 노래 ♪♬

제30일 빛과 어두움

조선어 성경: 요한복음 1:5

"그 빛이 어둠속에서 비치고 있다. 그러나 어둠이 빛을 이겨 본 적이 없다."

말씀의 초대

빛이 항상 어두움을 이긴다는 영원한 진리를 반영합니다. 어두움이 아무리 크고 압도적이어도 작은 빛은 희망의 약속을 담고 있습니다. 우리의 작아 보이는 사랑의 행동이 촛불처럼 가장 어두운 곳에 온기를 가져다 줄 수 있음을 상기시킵니다. 그리스도의 제자로서 우리는 어두움이 예수의 사랑의 빛을 결코 이길 수 없음을 신뢰해야 합니다.

묵상의 초대

1. 빛과 어두움이 서로 싸우는 것을 경험한 일이 있는가?

2. 나에게 빛이 있는가? 있다면, 나에게 주어진 빛으로 어디를 비춰야 하는가?

3. 너희는 세상의 빛이라고 할 때, 나는 발광체(發光體)인가? 아니면, 빛 되신 주님을 따라가는 하나님의 자녀, 반사체(反射體)인가?

빛의 사자들이여 어서 가서 어둠을 물리치고
주의 진리 모르는 백성에게 복음의 빛 비춰라
빛의 사자들이여 복음의 빛 비춰라
죄로 어둔 밤 밝게 비춰라 빛의 사자들이여

하나님 아버지
빛과 어두움이 싸우면 항상 빛이 어두움을 이기듯, 거짓에 속지
말고 어둠을 밝히는 빛의 사자로 맡긴 사명 잘 감당할 수 있는
하나님의 DNA, 하나님의 형상, 오직 예수로 살아가게 하소서.

31일 통일

통일은 이미 시작되었다.
통일은 기다리는 것이 아니라
우리가 함께 만들어 가는 것이다.

시의 노래 ♪♬

제31일 통일

조선어 성경: 시편 133:1-3

"이다지도 좋을까, 이렇게 즐거울까. 형제들 모두 모여 한데 사는 일. 아론의 머리에서 수염 타고 흐르는 옷깃으로 흘러내리는 향긋한 기름 같구나. 헤르몬산에서 시온산 줄기를 타고 굽이굽이 내리는 이슬 같구나. 그곳은 여호와께서 복을 내리는 곳, 그 복은 영생이로다.

말씀의 초대

형제자매가 화목하게 사는 것이 얼마나 기쁘고 귀한 일인지, 그리고 그것이 하나님의 복을 가져다주는 근원임을 상기시킵니다. 통일은 단순히 기다리는 것이 아니라, 우리가 화목 안에서 함께 만들어가는 여정입니다. 이것은 하나님께서 주시는 축복의 반영입니다.

묵상의 초대

1. '통일은 이미 시작되었다'는 표현이 주는 의미는 무엇일까?

2. '통일'이라는 단어를 사용할 수 없는 상황에서 '통일'을 기다린다는 것은 어떤 의미일까?

3. 우리가 함께 만들어가는 '통일'에는 어떤 것이 있을까?

갈 길을 밝히 보이시니(524장, 통일찬송가 313장)

갈 길을 밝히 보이시니 주 앞에 빨리 나갑시다
우리를 찾는 구주 예수 곧 오라 하시네
죄악 벗은 우리 영혼은 기뻐 뛰며 주를 보겠네
하늘에 계신 주 예수를 영원히 섬기리

하나님 아버지
탈북자(脫北者), 북한이탈주민, 새터민, 통일민, 어떠한 이름으로
불려진다 해도 이분들이 통일의 방해꾼이 아니라 통일의 다리
(Bridge) 역할을 감당할 수 있도록 주님의 은혜를 구합니다.

32일 장애인의 날

4월 20일은 한국 장애인의 날
6월 18일은 조선 장애인의 날
12월 3일은 세계 장애인의 날

허리신경이 마비된 장애인 국가
38년 된 중풍병자 대한민국
일어나 걸어가라.

시의 노래 ♪♬

제32일 장애인의 날

조선어 성경: 요한복음 5:8-9

"예수께서 그에게 일어나 요를 걷어들고 걸어가거라. 하시자 그 사람은 어느새 병이 나아서 요를 걷어들고 걸어갔다."

말씀의 초대

개인과 민족의 영적, 육체적 중풍병자를 반영합니다. 특히, 38년 동안 베데스다 연못가에서 치유를 기다리던 병자에게 "일어나 걸어가라"는 명령은 단순한 육체적 회복이 아닌, 소망과 변화를 선언하는 말씀이었습니다. 우리에게 분열과 장애를 영원한 상태로 보지 말고 하나님의 치유 능력을 경험할 기회로 보라고 초대합니다.

묵상의 초대

1. 매일의 일상에서 장애인의 날을 기억할 수 있을까?

2. '일어나 걸어가라'는 말씀이 명령(命令)일까, 원리(原理)일까?

3. 선천적 장애의 원인은 무엇일까?

주님의 뜻을 이루소서 고요한 중에 기다리니
진흙과 같은 날 빚으사 주님의 형상 만드소서
주님의 뜻을 이루소서 병들어 몸이 피곤할 때
권능의 손을 내게 펴사 새롭게 하여 주옵소서

하나님 아버지
허리 신경이 마비된 장애인 국가로 인식된 남북한의 38선이 회
복되어 통일한국, 선교한국, 평화한국으로 열방을 섬기는 제사장
나라가 되도록 한반도 땅에 은혜의 강물이 흐르게 하소서.

33일 Global Blessing

전쟁은
내가 너의 소중한 것을
먼저 빼앗고
너의 목숨을 가져오고

통일은
내가 나의 소중한 것을
먼저 내어주고
너의 마음을 가져오고

평화는
나를 주고
너를 만나
하나가 되는 것이지.

시의 노래 ♪♬

제33일 Global Blessing

조선어 성경: 에베소서 2:14-16

"그리스도야말로 우리의 평화이십니다. 그분은 자신의 몸을 바쳐서 유대 사람과 이방 사람이 서로 원쑤가 되어 갈라지게 했던 담을 헐어 버리시고 그들을 화해시켜 하나로 만드시고 률법 조문과 규정을 모두 폐지하셨습니다. 그리스도께서는 자신을 희생하여 유대사람과 이방사람을 하나의 새 민족으로 만들어 평화를 이룩하시고 또 십자가에 죽으심으로써 둘을 한 몸으로 만드셔서 하나님과 화해시키시고 원쑤되었던 모든 요소를 없이 하셨습니다."

말씀의 초대

이 시는 전쟁, 통일, 그리고 평화의 뚜렷한 대조를 생생하게 보여줍니다. 이는 우리에게 십자가에서 평화를 이루신 그리스도의 궁극적인 희생을 떠올리게 합니다. 예수님은 우리를 하나님과 서로 화목하게 하시기 위해 모든 장벽을 허무셨습니다. 참된 평화는 강압이나 자기 이익으로 얻어지는 것이 아니라, 이타적인 나눔과 사랑과 겸손으로 타인을 만나려는 마음에서 이루어집니다.

1. 전쟁의 소용돌이 속에서 지금 내가 할 수 있는 일은 무엇일까?

2. 통일의 대가로 지금 내어줘야 할 것이 있다면 그것은 무엇일까?

3. 이 시대에 평화의 사도로 산다는 것은 무슨 의미일까?

찬송과 기도   내 영혼이 그윽히 깊은데서(412장, 통일찬송가 469장)

내 영혼이 그윽히 깊은데서 맑은 가락이 울려나네
하늘 곡조가 언제나 흘러나와 내 영혼을 고이 싸네
평화 평화로다 하늘 위에서 내려오네
그 사랑의 물결이 영원토록 내 영혼을 덮으소서

하나님 아버지
'땅의 모든 민족이 너로 인하여 복을 얻을 것이라.' 복이 되기 위해 복을 받는 '글로벌 블레싱, 나를 주고 너를 만나 하나가 되는 평화의 사도'로 하나님의 소원에 응답하는 우리가 되게 하소서.

34일 삼일절에 찾아온 통일

독립이 어제의 과제였다면
통일은 오늘의 시험이리라.

독립이 어제의 피 흘림이었다면
통일은 오늘의 사랑이리라.

독립이 어제의 투쟁이었다면
통일은 오늘의 자유이리라.

독립이 어제의 무궁화였다면
통일은 오늘의 진달래이리라.

무궁화꽃,
진달래꽃이 피었습니다.

시의 노래 ♪♬

제34일 삼일절에 찾아온 통일

"그가 민족간의 분쟁을 심판하시고 나라 사이의 분규를 조정하시리니, 나라마다 칼을 쳐서 낫을 만들리라. 민족들은 칼을 들고 서로 싸우지 않을 것이며 다시는 군사훈련도 하지 않으리라."

말씀의 초대

이 시는 투쟁에서 조화로, 독립에서 통일로의 깊은 전환을 반영합니다. 칼을 보습으로 만드는 이사야의 비전은 이러한 변화를 상징합니다. 독립이 희생을 요구했다면, 이제 통일은 사랑과 화해, 그리고 자유를 요구합니다. 무궁화와 진달래의 피어남은 민족의 마음이 갈등 대신 사랑을 선택할 때 하나님께서 약속하신 평화와 새로움을 반영합니다.

묵상의 초대

1. 과거의 독립, 삼일운동에서 배울 수 있는 것은 무엇일까?

2. 통일의 자유를 위해 준비할 숙제는 무엇일까?

3. 진달래꽃과 무궁화꽃의 차이와 의미는 무엇일까?

강물같이 흐르는 기쁨 성령 강림함이라
정결한 맘 영원하도록 주의 거처 되겠네
주님 주시는 참된 평화가 내 맘 속에 넘치네
주의 말씀에 거센 풍랑도 잠잠하게 되도다

하나님 아버지
하나님이 주신 동산에 진달래꽃, 무궁화꽃, 꽃 중의 꽃인 통일의
꽃, 평화의 꽃이 지휘자 되시는 하나님의 손짓에 맞춰 노래하고
춤추며 창조주 하나님을 찬양하게 하소서.

35일 해방, 광복 80년

시차도 없는 나라인데 북한에만 다녀오면
몸의 배터리가 방전되곤 한다.

예수님의 예루살렘 탄식을 묵상하고 또 묵상한다.
어제와 오늘, 내가 귀신을 쫓아내며 병을 낫게 하다가
제삼일에는 완전하여지리라.

그러나 오늘과 내일과 모레는
내가 갈 길을 가야 하리니
선지자가 예루살렘 밖에서는 죽는 법이 없느니라.

2025년을 기점으로
북한은 해방 80년을 기억하고
한국은 광복 80년을 기억하는 표현을 사용하고 있다.

시의 노래 ♪♬

제35일 해방, 광복 80년

조선어 성경: 누가복음 13:33-34

"오늘도 래일도 그 다음날도 계속해서 나의 길을 가야 한다. 예언자가 예루살렘 아닌 다른 곳에서야 죽을 수 있겠느냐고 말씀하셨다. 예루살렘아, 예루살렘아, 너는 예언자들을 죽이고 하나님께서 보내신 사람들을 돌로 치는구나. 암탉이 병아리를 날개 아래 모으듯이 내가 몇 번이나 너의 자녀들을 모으려고 했더냐. 그러나 너희는 응하지 않았다."

말씀의 초대

한국의 역사가 예수님의 예루살렘을 향한 탄식을 떠올리게 합니다. 남북한은 해방과 광복이라는 단어로 80년을 해석하며 여전히 갈라진 길 위에서 각자의 역사를 새깁니다. 그렇지만, 예수님의 모습은 우리로 하여금 소망과 사랑 안에서 인내하도록 격려합니다. 하나님의 자녀들을 모으고자 하시는 그분의 깊은 갈망은 나뉜 땅에서의 화해와 치유를 향한 하나님의 계획을 반영합니다.

묵상의 초대

1. 예수님의 예루살렘 탄식이 한국의 분열된 역사와 어떻게 연결될까?

2. 해방과 광복의 차이는 무엇일까?

3. 하나님의 화해와 회복 사역에서 나의 역할은 무엇일까?

찬송과 기도 환난과 핍박 중에도 (336장, 통일찬송가 383장)

환난과 핍박 중에도 성도는 신앙 지켰네
이 신앙 생각할 때에 기쁨이 충만하도다
성도의 신앙 따라서 죽도록 충성하겠네

하나님 아버지
해방과 광복, 서로의 표현이 다를지라도 신앙은 외부에서 온 것
이 아니기 때문에 신앙을 지키는 자가 아니라 신앙이 나를 이끌
어 갈 수 있도록 한민족의 영혼에 주님의 은혜를 구합니다.

36일 남북한의 영적인 시차

사울이 바울이 되는 변화 속에 찾아온
영적인 시차는 얼마나 될까?

피 흘림이 없는 복음적 통일을 꿈꾸는
한반도의 영적인 시차는 어떻게 될까?

미국의 영적 시간을 21시로 본다면
한국의 영적 시간은 15시
중국의 영적 시간은 북경 09시, 우루무치(서북지역)는 06시
중동의 영적 시간은 03시
북한의 영적 시간도 03시

영적 분별력이란
하나님의 시간을 아는 것이다.
한국과 북한의 영적인 시차는
12시간이다.

시의 노래 ♪♬

제36일 남북한의 영적인 시차

조선어 성경: 요한복음 9:4

"우리는 해가 있는 동안에 나를 보내신 분의 일을 해야 한다. 이제 밤이 올 테인데 그때는 아무도 일할 수 없다."

말씀의 초대

영적 분별력과 행동의 긴박함을 반영하며 시차를 인식할 것을 강조합니다. 하나님이 하시는 일은 할 수 있는 시간이 제한되어 있음을 상기시킵니다. 국가들의 영적 시계가 다르듯, 한반도 시간은 독특한 소명을 안고 있습니다. 우리는 긴박감을 가지고 기도와 사랑으로 행동하여 남북한의 영적 시차를 줄이는 하나님의 빛을 가져가야 합니다.

묵상의 초대

1. 남북한의 영적 시차 안에서 나의 영적 시간은 지금 몇시일까?

2. 나에게는 하나님의 시간을 알아차리는 영적 분별력이 있는가?

3. 남북한의 영적 시차를 어떻게 좁힐 수 있을까?

하나님의 나팔 소리 천지 진동할 때에

예수 영광 중에 구름 타시고

천사들을 세계 만국 모든 곳에 보내어

구원 얻은 성도들을 모으리

나팔 불 때 나의 이름 나팔 불 때 나의 이름

나팔 불 때 나의 이름 부를 때에 잔치 참여하겠네

하나님 아버지

심장 수술 이후에 주어진 세 개의 시계 '아날로그시계, 디지털시계, 모래시계'를 기억하며 피 흘림이 없는 복음통일을 꿈꾸는 하나님이 보낸 사람, 하나님이 웃음 짓는 사람으로 쓰임받게 하소서.

37일 통일신학

바울신학으로 기독교가 형성이 되었다면
요셉신학으로 남북이 통일되고
요한신학으로 열방을 섬기고 선교하는
대한민국이 되면 좋겠다.

아브라함은 하나님의 말씀에 믿음으로 순종했고
야곱은 하나님의 말씀에 개인의 욕망으로 욕심을 부렸고
요셉은 하나님의 말씀에 용서와 사랑으로
이스라엘을 세워갔다.

먼저 이 땅에 요셉신학으로 남북이 회복되면 좋겠다.
통일신학은 화해와 사랑이다.

시의 노래 ♪♬

제37일 통일신학

조선어 성경: 골로새서 3:13-14

"서로 도와주고 피차에 불평한 일이 있더라도 서로 용서해 주시오. 주님께서 여러분을 용서하신 것처럼 여러분도 서로 용서해야 합니다. 그뿐만 아니라 사랑을 실천하십시오. 사랑은 모든 것을 하나로 묶어 완전하게 합니다."

말씀의 초대

용서와 사랑으로 화해와 치유를 가져왔던 요셉의 삶에서 뿌리내린 신학을 반영합니다. 하나님의 용서가 우리로 하여금 다른 사람을 용서할 수 있게 함을 상기시킵니다. 통일신학은 남한과 북한이 과거의 미움을 넘어서 하나님의 구속적인 사랑에 기초한 미래를 받아들이도록 초대합니다.

묵상의 초대

1. 바울신학, 요셉신학, 요한신학의 차이가 무엇일까?

2. 요셉신학에 나타난 요셉의 용서와 사랑이 나에게 있을까?

3. 용서와 사랑이 통일을 이루는 데 어떻게 작용할 수 있을까?

아 하나님의 은혜로 이 쓸데없는 자

왜 구속하여 주는지 난 알 수 없도다

내가 믿고 또 의지함은 내 모든 형편 잘 아는 주님

늘 돌보아 주실 것을 나는 확실히 아네

하나님 아버지

하나님을 학문에 가둬 놓고 이러쿵저러쿵 신학 논쟁을 벌이는
어리석음을 내려놓고 온전한 하나님의 사랑과 용서의 통일신학
으로 한반도 땅에 십자가의 도가 강같이 흐르게 하소서.

38일 삶의 정수(精髓)

태초에 말씀이 있었다.
태초에 삶이 있었다.
태초에 관계가 있었다.

태초에 사랑이 있었다.
태초에 하나가 있었다.
태초에 통일이 있었다.
통일된 나라 대한민국이 있었다.

그러나 지금은 반쪽 나라
허리 신경이 마비된 장애인 국가
삼팔선이라는 허리 신경이 마비된 중풍병자와 같은 나라
내 조국, 내 민족
내가 태어난 땅, 내 어머니…

시의 노래

제38일 삶의 정수

돌아가자
태초로
Come Back
하나 된 코리아
One Korea

대한민국에 말씀이 있었다.
대한민국에 삶이 있었다.
대한민국에 관계가 있었다.
대한민국에 사랑이 있었다.

내가 이 땅에서 숨을 쉬고 있음은
실로 어마어마한 일이다.
나의 과거, 현재, 미래가
숨 속에 있기 때문이다.

땅에서 내뱉은 숨은 이미 하늘이 되어
하늘 숨
위에서 온 숨
하늘 웃음을 짓는다.
통일이 되었다고 ….

"예수께서 나는 부활이요, 생명이니 나를 믿는 사람은 죽더라 도 살겠고 또 살아서 믿는 사람은 영원히 죽지 않을 것이다. 너 는 이것을 믿느냐? 하고 물으셨다."

말씀의 초대

예수님은 자신이 부활이자 생명임을 선포하시며, 진정한 삶은 그 분과의 믿음과 연합 속에 있음을 밝히십니다. 이 말씀은 삶의 정수가 일시적인 세상적 추구가 아니라, 그리스도와의 영원한 관 계에 뿌리를 두고 있음을 상기시켜 줍니다.

묵상의 초대

1. 태초에 하나님이 천지를 창조하시니라(창1:1). 말씀 속에 나타난 세 분의 하나 님(태초의 하나님, 천지의 하나님, 창조의 하나님)을 만난 경험이 있습니까?

2. 38년 광야를 통한 절대 감사, 38년 병자에 대한 절대 은혜, 38선에 대한 절 대 사랑이 주는 삶의 정수(精髓)를 어떻게 생각합니까?

3. 통일이 되었다고 하는 하늘 숨, 위에서 온 숨, 성령님의 임재는 언제 가능할까?

언제 주님 다시 오실는지 아는 이가 없으니

등 밝히고 너는 깨어 있어 주를 반겨 맞아라

주 안에서 우리 몸과 맘이 깨끗하게 되어서

주 예수님 다시 오실 때에 모두 기쁨으로 맞아라

하나님 아버지

38선이라는 허리 신경이 마비된 중풍병자와 같은 장애인 나라
에 말씀이 육신이 되어 오신 예수님. 언제 다시 오실는지 늘 깨
어서 주님 맞이하는 거룩한 신부로 주의 영광 보게 하소서.

글로벌블레싱 Global Blessing

글로벌블레싱은 1995년 3월, 이 땅의 평화를 갈망하는 그리스도인들이 모여 이룬 국제 평화사업 사단법인 NGO입니다. 평화통일을 위한 열정과 사업을 이어가면서 온 세계에 축복을 나누며 평화를 이뤄 나가는 활동을 전개하고 있습니다.

글로벌블레싱은 한반도의 평화가 세계 평화에 기여함을 믿으며 북녘 땅 장애인들을 마음껏 사랑하려고 합니다. 우리는 그들을 동정하거나 시혜하는 자세가 아니라 사랑의 마음을 나누며, 그들을 존중하고 섬기는 마음으로 다가갈 것입니다.

글로벌블레싱은 세계의 장애인들과 소외된 이들에게 사랑과 평화의 빛을 비추며, 하나님의 축복(God's Blessing)을 나누는 거룩한 다리(Global Bridge)가 되는 것입니다. 여러분과 함께 예수 그리스도의 사랑으로 하나님 나라의 푸른 계절이 한반도를 시작으로 온 땅에 아름답게 세워지길 소망해 봅니다.

사진: **최건웅**

글로벌블레싱 홈페이지 www.globalblessing.org
한국 이사장 조봉희 목사(지구촌교회 원로목사)
호주 이사장 오상원 Dr.Sam Oh(시드니순복음교회)

대표 이민교 선교사(GP선교회)
이메일 korea3810@gmail.com
카톡 아이디 sonkorea
간증 새롭게하소서 | 북한농아축구팀 이민교 감독 | 복음에 빚진 사람
         https://www.youtube.com/watch?v=Mz_XXeG-u_Q

후원방법

한국: 국민은행 831001-00-019153 예금주: 사단법인글로벌블레싱
호주: ANZ Bank. B.S.B: 012290 Account No: 466876506 Global Blessing Inc.